AF562508

VIE

DU BIENHEUREUX

BENOIT-JOSEPH LABRE

PAR

L'ABBÉ P. DU BOURG

Le Bienheureux LABRE possède une chapelle à Lyon dans l'église de la Cité de l'Enfant-Jésus, avenue Duguesclin. (Brotteaux.)

On y vénère ses reliques.

LYON
P. N. JOSSERAND, LIBRAIRE-ÉDITEUR
3, Place Bellecour, 3
1869

La CITÉ DE L'ENFANT JÉSUS est une Œuvre qui donne aux ouvriers âgés des LOGEMENTS GRATUITS, dans lesquels ils peuvent, pour le reste de leurs jours, vivre avec leur famille, continuer leur profession, et conserver toute leur liberté, ainsi que toutes leurs relations.

On la recommande aux aumônes des fidèles.

VIE

DU BIENHEUREUX

BENOIT-JOSEPH LABRE

PAR

L'ABBÉ P. DU BOURG

Le Bienheureux LABRE possède une chapelle à Lyon dans l'église de la Cité de l'Enfant-Jésus, avenue Duguesclin. (Brotteaux.)

On y vénère ses reliques.

LYON

P. N. JOSSERAND, LIBRAIRE-ÉDITEUR

3, Place Bellecour, 3

1869

La CITÉ DE L'ENFANT JÉSUS est une Œuvre qui donne aux ouvriers âgés des LOGEMENTS GRATUITS, dans lesquels ils peuvent, pour le reste de leurs jours, vivre avec leur famille, continuer leur profession, et conserver toute leur liberté, ainsi que toutes leurs relations.

On la recommande aux aumônes des fidèles.

APPROBATION.

Cette Vie du bienheureux Benoît-Joseph Labre ne renfermant rien que de très-édifiant, nous l'approuvons et en permettons l'impression.

Lyon, 3 avril 1869.

DE SERRES, *vic. gén.*

VIE

DU BIENHEUREUX

BENOIT-JOSEPH LABRE

Jean-Baptiste Labre, père du bienheureux Benoît-Joseph, était issu d'une famille très-ancienne du village d'Amettes, fort recommandable par sa régularité, sa probité et son inviolable attachement à la religion catholique. Il jouissait d'une fortune médiocre, et possédait un petit patrimoine qu'il faisait valoir.

Le village d'Amettes, situé dans le département du Pas-de-Calais, est à neuf lieues d'Arras.

Jean-Baptiste Labre épousa au commencement de juin 1747 Anne-Barbe Gransire, appartenant aussi à une famille profondément chrétienne.

Benoît-Joseph fut le premier fruit de bénédiction de leur mariage, et l'aîné de quinze enfants. Il vint au monde le 26 mars 1748.

Durant ses premières années, il donnait des

preuves évidentes de la future perfection à laquelle le Seigneur devait l'élever; il montrait d'heureuses inclinations pour le bien, des mœurs douces et innocentes, un esprit de tranquillité et de paix peu ordinaire aux enfants, une soumission entière à ses parents, un désir ardent de s'instruire de la science du salut. Il avait reçu du ciel un jugement excellent, une mémoire heureuse. Le salut, cette unique chose nécessaire, le renoncement au monde, l'abandon volontaire et généreux de tout ce qu'on possède de plus cher en vue d'obéir à la voix de Dieu, l'abnégation de soi-même, l'obligation de porter sa croix tous les jours de sa vie, et de se revêtir de Jésus-Christ crucifié : toutes ces leçons furent continuellement présentes à son esprit, et le dirigèrent dans la voie admirable de pénitence et de mortification qu'il n'a cessé de suivre jusqu'à la mort.

Dès l'âge de huit ans, il observait avec la plus grande attention les cérémonies de l'Eglise, surtout celles du saint sacrifice de la messe; et de retour chez lui, où il avait dressé un petit autel, il se faisait un pieux amusement de les représenter. Il s'en acquittait avec tant de recueillement qu'un de ses oncles, qui venait de terminer son séminaire, aimait à voir son petit neveu prendre d'aussi pieuses récréations et se plaisait aussi à commencer son instruction. Pour l'exercer à la soumission, il lui faisait faire quelque petite pénitence, comme de tenir les bras en croix, ou autre semblable mortification. L'enfant supportait ces corrections de la meilleure grâce du monde, sans témoigner jamais ni résistance, ni chagrin.

Benoît faisait ainsi la consolation de ses parents, il vivait dans la plus parfaite concorde avec ses frères et sœurs. Il cherchait de bonne grâce à se rendre utile, en s'occupant de la famille, qui était si nombreuse, et en déchargeant, autant qu'il lui était possible, son père et sa mère de leur surveillance et de leur sollicitude. Il venait d'atteindre sa treizième année lorsque ses pieux parents le confièrent à M. Labre, curé d'Erin, son oncle paternel qui se chargea de lui faire commencer ses études latines et de le préparer à sa première communion. Ce bon prêtre ne négligea rien pour cultiver les excellentes dispositions qu'il avait cru découvrir dans son neveu. Il ne se lassait pas d'admirer l'impression que produisaient sur lui les vérités saintes, et le goût qu'elles éveillaient en lui pour les biens célestes. Il futsurtout frappé de l'émotion que lui causaient les développements du mystère de l'Eucharistie. Faut-il en être étonné quand on sait que dès ses premières années, Jésus-Christ présent sur l'autel avait été l'aimant qui l'attirait à l'église? Quels ne furent donc pas la ferveur, le recueillement, la mortification du jeune Benoît pendant tous les jours qui s'écoulèrent jusqu'à sa première communion ? Cette heureuse matinée arriva le 5 septembre 1761, et dans l'après-midi il reçut encore le sacrement de confirmation et avec lui tous les dons du Saint-Esprit à un degré éminent. Dès lors resplendit en lui plus lumineuse la ressemblance avec Jésus-Christ, dont l'imitation devint son unique affaire. Car c'est bien de lui qu'on peut dire, que le jeune homme ne s'écartera pas de la route qu'il aura prise dans son adolescence.

Comme il se sentait attiré à une vie toute de pénitence et de retraite, il prit l'étude à dégoût. M. Labre ne tarda guère à s'en apercevoir. Alors

Benoît lui déclara ingénuement qu'il songeait à se faire religieux de la Trappe. Il avait seize ans lorsqu'il fit part à ses parents de son nouveau dessein. Ils s'y opposèrent de toutes leurs forces et l'obligèrent de demeurer à Erin, où il passa deux années encore toujours appliqué à la prière et à la lecture des livres saints. Un de ceux qu'il lisait constamment était le Recueil des sermons du Père Lejeune, dit l'Aveugle, prêtre de l'Oratoire. La pensée du petit nombre des élus, et des peines de l'enfer, le remplissait d'effroi, et lui faisait surmonter les difficultés les plus ardues.

Benoît vivait au presbytère en vrai solitaire, ne sortant jamais que pour aller à l'église, lorsqu'au milieu de l'été une cruelle épidémie se répand sur la paroisse d'Erin. Le bon pasteur vole au secours de ses brebis, et Benoît à son exemple quitte son humble retraite pour rivaliser avec lui de courage et de dévouement. Ce dévouement et ce courage ne connurent point de bornes : jour et nuit au chevet des malades et des mourants, on les voyait multiplier les soins et prodiguer les dépenses. L'infatigable imitateur, après avoir secouru les malades, pourvoit à la nourriture de leurs bestiaux. Il parcourt les jardins et les champs, revient les épaules chargées d'herbes pour ces animaux dont il nettoie les étables.

Mille fois l'oncle et le neveu affrontent la mort avec autant de bravoure que de sérénité, lorsqu'enfin le saint curé, atteint lui-même de l'épidémie, succombe et meurt victime de sa charité. Benoît ressentit bien vivement cette perte douloureuse. Plusieurs habitants de la paroisse, déplorant amèrement leur malheur et celui du cher Benoît, lui disaient : « Ah! si Monsieur votre oncle avait vécu, vous eussiez pu lui succéder dans sa cure et le remplacer auprès de nous. » Benoît répondait avec humilité que, ne se croyant pas appelé au saint ministère, il n'oserait jamais se charger du fardeau pastoral.

Peu de jours après, il était obligé de quitter le village d'Erin, laissant dans tous les cœurs de pieux regrets, d'ineffaçables souvenirs. D'après le désir de ses bons parents, il dut se rendre auprès d'un autre oncle, vicaire à Conteville, pour y reprendre ses études.

Cependant, plus que jamais préoccupé par la

pensée de quitter le monde, il arriva qu'un jour notre saint jeune homme alla se présenter à la Chartreuse de Longuenesse. Ne pouvant y être admis, il frappe au monastère de Montreuil, et enfin il lui est donné d'entrer en cellule le jour de la fête de saint Bruno (1767). A peine était-il à l'essai de ce nouveau genre de vie, que le prieur déclara qu'il n'était pas fait pour lui; car, le voyant porté à des austérités excessives, il craignit qu'il ne fût bientôt hors d'état de se rendre utile à la maison. Deux fois encore Benoît-Joseph fit d'inutiles tentatives pour entrer à la Trappe; on lui répond toujours qu'avant l'âge de vingt-quatre ans il n'y faut point songer.

Tant d'obstacles à ses pieux désirs, le plongeaient dans des inquiétudes et des angoisses mortelles. Cependant tels étaient les desseins de Dieu sur lui, et il en usait ainsi pour conduire son serviteur dans la voie extraordinaire à laquelle il appelait cette âme d'élite. Après avoir fait à Montreuil un nouvel essai, aussi infructueux que le premier, l'inébranlable aspirant fut admis dans l'abbaye de Sept-Fonts de l'Observance Cistercienne, et revêtu de l'habit religieux, en 1769, sous le nouveau nom de frère Urbain.

Dieu permit qu'il y tomba malade; car il ne le voulait point dans le cloître. Il sortit donc, se confiant en la protection du ciel; sentant naître en lui le désir d'aller en Italie, entreprit ce long voyage. Il marchait à petites journées; mais il avait la fièvre quand il quitta le monastère de Sept-Fonts, et vers le quatrième jour de marche, la maladie l'arrêta et le retint pendant trois semaines dans un hôpital.

Là, pendant qu'il se livrait aux œuvres d'une ardente charité envers les autres malades, et qu'au milieu de ses langueurs il redoublait de confiance et de résignation, Dieu lui fit connaître, par une lumière surnaturelle, quel genre de vie il devait désormais embrasser. Ce fut alors, qu'après avoir consulté des guides éclairés, Benoît-Joseph commença, sous l'inspiration de Dieu, la vie de pauvre pèlerin. Il avait alors vingt-deux ans. Voici quelques passages d'une lettre qu'il écrivit à ses parents pour leur annoncer son départ :

« Mon très-cher père et ma très-chère mère,

» Vous avez appris que je suis sorti de l'abbaye de Sept-Fonts, et vous êtes sans doute en peine de savoir quelle route j'ai prise depuis, et quel état de vie j'ai envie d'embrasser. C'est pour m'acquitter de mon devoir et vous tirer d'inquiétude que je vous écris la présente. Je vous dirai donc que je suis sorti de l'abbaye de Sept-Fonts le 2 juillet; j'avais encore la fièvre quand j'ai quitté le monastère, elle ne m'a abandonné qu'au quatrième jour de marche. J'ai pris la route de Rome; je suis à présent bientôt à moitié chemin... J'ai dessein d'entrer dans quelques monastères d'Italie où la règle est fort régulière et fort austère, et j'espère que Dieu m'en fera la grâce... Ne vous inquiétez pas à mon égard, je ne manquerai pas de vous envoyer de mes nouvelles.

» Je ne manque pas de prier Dieu tous les jours pour vous. Je vous demande pardon des peines que je peux vous avoir causées, et vous prie de m'accorder vos bénédictions, afin que Dieu bénisse mes desseins; c'est par l'ordre de sa Providence que j'ai entrepris le voyage que je fais.

» Ayez soin surtout de votre salut et de l'éducation de mes frères et sœurs ; veillez sur leur conduite ; pensez aux flammes éternelles de l'enfer et au petit nombre des élus. Je suis bien content d'avoir entrepris le voyage que je fais... Je finis en vous demandant de rechef vos bénédictions et pardon des chagrins que je vous ai occasionnés.

» Fait en la ville de Quiers (Piémont), 31 août 1770.

» Votre affectionné fils,

» Benoît-Joseph Labre. »

On voit par cette lettre de Benoît, que sa conscience était si délicate, que pour en calmer les alarmes, il demande sans cesse pardon à son père et à sa mère des peines qu'il croit leur avoir causées. Peut-on assez admirer ce respect, cette piété filiale manifestés à chaque mot de cette admirable lettre ?

Benoît se dirigea vers Lorette pour y vénérer

la *Santa Casa*, cette sainte maison de Nazareth dans laquelle s'accomplit le grand mystère de l'Incarnation.

Parvenu dans cette ville, il s'adressa pour la confession à un Père Jésuite qui lui offrit tous les secours dont il pouvait avoir besoin. Mais il les refusa obstinément, ne voulant rien recevoir de son confesseur, et jusqu'à la mort ce fut pour lui une règle invariable. Lorsqu'il eut satisfait sa dévotion à Notre-Dame de Lorette, il se rendit à Assise, au tombeau du séraphique saint François : il y avait tant de ressemblance entre ces deux amants de la croix et de la pauvreté angélique ! Benoît se fit recevoir du tiers-ordre et prit le saint-cordon qu'il ne quitta plus de toute sa vie. Il entra à Rome pour la première fois vers la fin de 1770.

Nous ne le suivrons pas dans chacun de ses pèlerinages, nous ne ferons qu'en indiquer quelques-uns : La Portioncule, le mont Alverne, Notre-Dame du Mont-Serrat, Notre-Dame du Pilier, saint Jacques de Compostelle en Espagne, Einsiedeln ou Notre-Dame des Ermites en Suisse, etc... Il fit plusieurs fois le pèlerinage de Notre-

Dame de Lorette, son point de départ était toujours la ville de Rome, cette ville éternelle et sainte où il paraissait avoir élu son domicile de prédilection. Mais quel était ce domicile, si l'on peut appeler ainsi l'abri sous lequel il se cachait plutôt pour prier et se mortifier que pour se garantir de la pluie et de la fraîcheur du temps ! Tantôt sous un escalier dans une rue déserte, tantôt sous une arcade du Colisée, tantôt sous le porche d'une vieille église presqu'en ruine, très-rarement dans un hôpital. Le pieux pèlerin marchait toujours à pied, couvert d'un vêtement pauvre et déchiré, toujours le même, quelle que fût la saison : un crucifix sur la poitrine, un rosaire à la main, un autre suspendu au cou ; un sac sur l'épaule, dans lequel par esprit de pénitence, il mettait de lourdes pierres. Il ne faisait aucune provision si petite qu'elle fût et ne s'inquiétait ni du froid, ni de la pluie, ni de la neige, ni des chaleurs de l'été. Il laissait les voies battues, et s'aventurait dans les sentiers déserts ; traversant les fossés, les monts, les précipices. Toujours avec Dieu qui le guidait, il fuyait tout autre compagnie.

Pendant toute sa vie voyagère, si pleine de travaux, de fatigues, d'inconcevables souffrances, le serviteur de Dieu, non-seulement ne chercha jamais à se procurer aucun soulagement, mais il supportait encore avec une admirable patience les persécutions et les injures auxquelles ce genre de vie l'exposait. Assailli bien des fois par des enfants ou par de jeunes débauchés, qui le chargeaient d'injures, et allaient même jusqu'à le frapper avec des bâtons ou avec des pierres ; alors même que le sang coulait, il continuait son chemin, sans se retourner pour voir ses persécuteurs. Au lieu de hâter sa marche, il ralentissait le pas, afin de savourer le plaisir d'être outragé. Et si des passants charitables prenaient sa défense, réprimandaient les assaillants, Benoît se tournant vers ses défenseurs : « Laissez-les faire, leur disait-il ; si vous me connaissiez, vous trouveriez qu'ils ne me traitent pas assez durement. »

Les haillons dont il se couvrait, étaient remplis d'insectes qui devaient lui procurer nuit et jour un intolérable tourment, et un continuel martyre. Il s'en fût délivré facilement, mais il préféra par amour pour Jésus crucifié endurer jusqu'à la mort et avec une patience inaltérable ce cilice vivant.

C'est ainsi qu'il s'est mis généreusement, pour l'amour de Jésus-Christ, au nombre des insensés, et que, à part quelques exceptions, il s'est fait regarder jusqu'à la mort comme le rebut du monde ; c'est ainsi que, par un amour excessif de la pauvreté, il ne portait jamais que des haillons mal-propres et rebutants qui, bien loin d'engager à se lier avec lui, inspirait au contraire de la répugnance à s'en approcher.

Le Bienheureux s'était fait une loi inviolable du silence ; car plus il s'entretenait avec Dieu, moins il parlait aux hommes ; aussi lui arrivait-il de passer quelquefois un mois sans proférer une seule parole à moins qu'elle ne fût d'une très-grande nécessité. C'est ainsi que s'enfonçant dans ce silence absolu et la plus profonde obscurité, il parvenait à se tenir entièrement caché aux yeux des hommes selon les desseins particuliers de la Providence. Toutefois, lorsqu'on le rencontrait dans les églises ou dans les rues, on éprouvait une singulière émotion, et l'on sentait à n'en pouvoir douter qu'on s'était approché d'un saint.

Où demeurez-vous? lui demandait-on quelquefois. *Tantôt ici, tantôt là*, répondait-il avec un sourire, qui signifiait : Il n'y a pas de maison pour moi. On se rappelle qu'à Rome il logeait dans un trou de pierre, ou sous les voûtes ruinées du Colisée, comme le passereau dans les décombres, comme l'hirondelle dans les ruines; pour prendre son sommeil, il s'étendait quelques heures sur un peu de paille ou d'herbes sèches. En voyage, son lit était sur la terre; son toit, une haie, un arbre, une muraille. L'obéissance seule le faisait mettre à couvert dans les hôpitaux.

Sa nourriture... Ah! grand Dieu! à peine en peut-on parler. Il ne prenait presque rien, et ne voulait que les plus vils rebuts : les épluchures, les fruits gâtés et pourris, les feuilles jetées dans la rue ou sur le fumier. Après cet étrange repas, il buvait l'eau d'un fossé, en voyage; l'eau d'une fontaine, dans les villes; mais une tasse ou un verre, il n'en eut jamais : cela eût été du luxe pour lui; il se contentait d'une écuelle de bois qu'il pendait à son côté. Rien n'était réglé pour lui pour le temps et le lieu de sa réfection. Il sortait le plus souvent de l'église vers midi, tou-

***

jours à jeûn depuis la veille ; mais dans les occasions où il lui était permis d'y rester, son abstinence se prolongeait jusqu'au soir. Voilà comment Benoît entendait sa profession de pauvre et la pratique de la pauvreté. Il est impossible, on en conviendra, de porter plus loin le détachement de toutes choses.

Quand il se fut fait pauvre lui-même, il regarda les autres pauvres doublement comme ses frères, et trouva dans la pauvreté même le moyen de les assister, et de leur rendre toute sorte de bons offices en leur distribuant les aumônes qu'il recevait.

Traversant un jour la ville de Naples, il passa devant les prisons. A travers les barreaux de leurs cachots, les détenus imploraient d'un ton lamentable la pitié des passants. Le pèlerin s'arrête et regarde ces malheureux avec une grande compassion. Tout à coup il s'agenouille, place son chapeau par terre devant lui, dépose à côté le crucifix qu'il détache de sa poitrine, prie un instant en le regardant fixement, puis il entonne les litanies de la sainte Vierge avec une voix céleste qui remuait les auditeurs jusqu'au fond de l'âme. Une telle scène attira promptement des rues voisines une multitude de curieux, et une abondante récolte de menue monnaie tomba de toutes les mains dans le chapeau de Benoît qui recueillit ces offrandes, les baisa, comme pour remercier le public, et alla les distribuer aux pauvres prisonniers, dont les sacoches étaient suspendues à travers les grilles.

Un autre jour qu'il venait de recevoir deux menues pièces de monnaie, il les remit aussitôt à un autre pauvre qui se trouvait là. Cet acte de charité fut pris pour de l'orgueil, et celui qui venait de lui faire l'aumône se mit alors à l'injurier et à le frapper. Le pauvre de Jésus-Christ supporta ce mauvais traitement avec une patience héroïque, heureux d'avoir été jugé digne de souffrir cet affront pour l'amour de son divin Maître.

Les épreuves de toutes sortes ne lui manquèrent jamais, et toujours il accepta joyeusement celles qu'il plût à Dieu de lui envoyer. Voici un fait en passant. Il se rendait en Espagne. Or, il arriva qu'un soir il marchait absorbé, selon sa coutume, dans de pieuses méditations, il entendit, en traversant un petit bois, des cris semblables à ceux d'un homme en danger de la vie. N'écoutant que sa charité, il court aussitôt du côté par où les cris sont venus, et aperçoit, au milieu d'une mare de sang, un homme que des assassins avaient percé d'affreuses blessures. A cette vue, le charitable Benoît, ému de compassion, déchire quelques pièces de ses vêtements pour panser les plaies de ce malheureux, s'empresse d'étancher le sang qui coulait en abondance avec l'eau d'une fontaine voisine. En ce moment, deux cavaliers l'arrêtent, et, le prenant pour le meurtrier, le garrottent et le conduisent à la ville voisine. Ils ramènent avec eux le malheureux voyageur qui avait perdu tout sentiment. Le bienheureux Labre fut alors jeté dans une sombre prison, et là il remerciait Dieu de l'avoir jugé digne de souffrir cette tribulation pour son amour. Cependant les soins que l'on s'était hâté de donner au blessé le rappelèrent à la vie, et il fit bientôt connaître aux juges l'innocence de leur prisonnier et les soins affectueux qu'il en avait reçus. On le retira aussitôt de sa prison, et on lui permit de rester quelque temps dans l'hôpital pour le dédommager de la méprise.

Comment Benoît arriva-t-il à cette haute sainteté que nous admirons ? Ah ! c'est qu'il aimait passionnément Notre-Seigneur Jésus-Christ dans sa passion et dans son sacrement d'amour, dans la sainte Eucharistie. Il se fait à Rome des exercices de dévotion dans une multitude d'églises, et ils sont ordinairement terminés par la bénédiction du Saint-Sacrement. Il y trouvait amplement de quoi satisfaire son avidité de grâces spirituelles et de moyens de sanctification. Il se multipliait pour y assister. Tous les jours de l'année il se rendait successivement dans les diverses églises pour gagner les indulgences des Quarante-Heures. Dès qu'il était entré, il cherchait les recoins les plus cachés, pourvu que de là il pût voir le Saint-Sacrement ou le Tabernacle. On le trouvait partout, en sorte que, quand on voulait parler de lui sans savoir son nom, on le désignait sous l'appellation du *Pauvre des Quarante-Heures*. Une fois que le bienheureux était en présence de Celui qui a voulu demeurer avec nous jusqu'à la consommation des siècles, la direction et la langueur de ses yeux, souvent sa respiration haletante, son immobilité de corps, indiquaient que son cœur était plutôt dans le Tabernacle que dans sa poitrine. Souvent son visage, ordinairement décoloré, s'enflammait au feu de son âme en face de l'autel; à sa pâleur habituelle succédait une vive rougeur, à son engourdissement une ardeur de séraphin. Sa physionomie, d'ordinaire grave et sérieuse, prenait une teinte de contentement, et enfin ses lèvres s'animaient d'un sourire angélique, indice du bonheur qu'il goûtait dans une telle compagnie.

Il serait difficile de dire quel était son bonheur à la réception de la sainte communion : quelque part qu'il fût, tous les assistants en étaient frappés et lui voyaient le visage tout humide de larmes. On l'entendait répéter des aspirations comme celles-ci : « Mon bien! mon souverain bien... mon tout... seul et unique objet de mon cœur... Ah! venez... je vous désire... je vous attends.... je soupire après vous... le moindre délai me paraît un délai de mille ans... Venez, Seigneur Jésus... venez sans différer. »

En quittant sa famille, Benoît Labre choisit la très-sainte Vierge pour sa mère, et eut toujours pour elle la plus tendre dévotion. Un long chapelet pendait continuellement à son cou ; un autre lui servait à réciter chaque jour la couronne de salutations. Il aimait à visiter les pèlerinages en l'honneur de cette bonne Mère. On sait qu'il fit jusqu'à onze fois le voyage de Lorette ; et c'était pour lui une immense consolation d'entrer et de prier dans la *Santa Casa.*

A Rome, il s'arrêtait des heures entières à contempler certaines images, certaines statues de Marie ; il fréquentait les églises qui lui étaient dédiées, surtout Sainte-Marie-des-Monts. Pendant huit ans, il ne laissa passer presque aucun jour sans venir s'agenouiller dans ce sanctuaire bien-aimé, et y rester la matinée presque tout entière. Pendant ses longues oraisons, on l'entendait répéter à demi-voix : Ma mère ! ô Marie ! ma mère !... Il y était quelques heures avant sa mort ; il ne sortit de ce temple que pour aller mourir et rejoindre Marie dans les cieux.

Le mercredi saint, le 16 avril, après avoir fait une longue et fervente prière, le bienheureux fut saisi d'une langueur mortelle, s'évanouit et tomba presque sans connaissance sur les escaliers de l'église de Notre-Dame-des-Monts. En le voyant tomber ainsi on accourt, on le relève. Il revient un peu à lui ; et, d'une voix mourante, il demande un verre d'eau ; on se hâte de le lui porter ; il le prend et l'offre dévotement à Dieu en poussant des soupirs enflammés et levant en même temps les yeux au ciel. Après l'avoir bu, il rend des actions de grâces comme si on lui eût donné le plus grand secours qu'il pût recevoir dans ce bas monde. Un pieux boucher, nommé Zaccarelli, qui connaissait Benoît et avait pour lui la plus haute estime, le fit transporter à son domicile, situé à une faible distance. Là le saint moribond voulait être déposé sur le carreau ; malgré sa répugnance, on le coucha sur un lit, mais sans le déshabiller, et on étendit sur lui une couverture.

Cependant, à Lorette, chez la famille Sori, où Benoît avait souvent reçu une généreuse hospitalité, un enfant de cinq ans annonçait ce qui se passait à Rome. Ses parents s'étonnaient du retard de Benoît, qui chaque année arrivait pour les offices de la semaine sainte; mais l'enfant leur dit : « Benoît ne reviendra plus, il s'en va mourant. » Et il répéta trois fois les mêmes paroles. Le lendemain, on l'attendait encore; il ne peut tarder, disaient les époux; mais Peppino répondait toujours : « Ne l'attendez pas, il est mort, il est allé au paradis. » Barbe, sa mère, essaya de le surprendre, en lui disant le soir, devant plusieurs personnes : «Benoît est arrivé.» *Ne vous ai-je pas dit*, répartit l'enfant, *que Benoît est mort, et qu'il est allé en paradis?* Et le samedi, Gaudence, son père, apprenait la triste, ou plutôt la glorieuse nouvelle de cette bienheureuse mort. Revenons chez Zaccarelli.

Le pauvre pèlerin touchant au moment suprême, on lui donna l'Extrême-Onction; pour le saint Viatique, son état de faiblesse ne lui permit pas de le recevoir; il avait fait, deux jours auparavant, une communion préparatoire à la mort. Il rendit à Dieu sa belle âme à huit heures du soir le 16 avril 1783; il était âgé de trente-cinq ans et vingt-un jours. Zaccarelli eut l'idée de le revêtir des insignes des Pénitents blancs, et l'exposa sur le lit même où il venait d'expirer.

En un instant les personnes présentes eurent dérobé plusieurs objets à son usage, et les gardèrent comme de précieuses reliques. Zaccarelli prit tout le reste et le garda soigneusement. Le temps de l'épreuve était fini, le temps de la gloire allait s'ouvrir. Dieu réservait au pèlerin abandonné, des hommages et des triomphes mille fois plus éclatants que ceux des monarques.

A l'heure même de sa mort, pendant les ténèbres de la nuit, des enfants se répandirent dans tous les quartiers de Rome, en criant : Le saint est mort! le saint est mort! Et c'est par ces bouches enfantines que la ville apprit la mort du nouvel Alexis. Le lendemain, il fallut placer des sentinelles aux portes de la maison pour contenir la foule.

L'heureux boucher obtint que son pauvre fût enterré dans l'église de Notre-Dame-des-Monts, qui était le sanctuaire favori de Benoît, et ceux qui ne savaient pas son nom l'appelaient le *Pauvret* de *Notre-Dame-des-Monts*. Il y fut transporté au milieu du concours et des acclamations de la multitude; c'était un véritable triomphe. Il fallut l'y laisser exposé depuis le vendredi-saint jusqu'au jour de Pâques, et renoncer à faire les offices de la grande semaine. Les miracles éclatants qui s'opérèrent à la vue de tout le monde, redoublèrent l'affluence, et produisirent un spectacle impossible à décrire (1).

Un grand nombre de guérisons miraculeuses, de conversions éclatantes suivirent le trépas du pauvre de Jésus-Christ. Le Seigneur se plaisait à manifester de plus en plus la gloire et la puissance de celui qui s'était fait si humble et si petit pour son amour. Les miracles continuèrent pendant les années qui suivirent cette glorieuse mort. On songea immédiatement aux procédures de la béatification. Le 22 mai 1842, Grégoire XVI promulgua le décret qui atteste l'héroïcité des vertus. Mais c'est Pie IX qui a décerné au glorieux pauvre le titre de Bienheureux par sa bulle du 20 septembre 1859, et qui fixa la fête de la béatification pour le 20 mai 1860; ce jour-là, au milieu d'un concours immense, Dieu, par

(1) *Vie du Bienheureux Benoît-Joseph Labre*, pag. 80, par l'abbé Petitalot.

la voix de son Pontife, exalta celui qui s'était tant abaissé. La fête du bienheureux Benoît-Joseph Labre a été fixée au 19 avril.

Plein d'admiration pour la Providence, qui tire ses élus de la poussière pour les élever sur les autels, un illustre orateur s'écriait naguère : « Qui songe à la pauvreté? Quand de nos jours, » on a vu le Souverain Pontife prendre un » pauvre abandonné des grands chemins, qui » tendait la main pour vivre du pain de l'au- » mône; quand le Souverain Pontife, voulant » glorifier la pureté de l'âme de ce glorieux » pauvre, l'a montré dans ses haillons étince- » lants comme un enseignement à notre siècle » infatué de son naturalisme moderne, des chré- » tiens ont souri, ils n'ont pas saisi cette donnée; » pourquoi? Parce que le monde envahit le » christianisme et le pénètre. Dans la société, il » n'y a qu'un besoin, une aspiration, un désir, » une soif, un mouvement violent; tout gravite » autour du veau d'or. » (Mgr Mermillod, *de la vie surnat.*, pag. 91.)

CANTIQUE

A LA LOUANGE DU

BIENHEUREUX BENOIT-JOSEPH LABRE

PAR Mme M***.

Te chanter, âme séraphique !
Demande des accents si doux,
Les sons d'une lyre angélique,
La voix des anges près de nous !
Comment, sur la terre étrangère,
Chanter les refrains de Sion ?
Viens animer notre prière,
Bienheureux ! J'invoque ton nom !

Voyez ce pauvre qui chemine,
C'est l'exilé cherchant le ciel !
Il va de colline en colline,
Il pleure d'autel en autel !
Il marche, pèlerin sublime,
Semant ses larmes, ses soupirs ;
Quel feu le consume et ranime
Ses intarissables désirs !...

Il s'en allait seul par le monde,
Voilant sa vie à tous les yeux.
Elle s'écoulait comme l'onde,
D'ombre en ombre, de cieux en cieux.

L'auréole, sainte lumière,
Autour de son front rayonnait ;
Ah ! que sa course fut légère,
Portant celui qui le portait !

Un crucifix, touchante image,
Pressait sa poitrine de feu !
Il ne savait qu'un seul langage,
Soupirer l'amour de son Dieu !
Le chapelet, douce prière,
A son cou pendait enlacé,
Ses doigts égrenaient le rosaire,
Ses lèvres murmuraient l'Ave !

Pour lui nulle tente dressée,
Son toit, c'est la voûte du ciel !
Pauvre du Christ, âme exilée,
Son asile est près de l'autel.
Les tintements d'une chapelle
Seuls feront tressaillir son cœur ;
Ce cœur est dévoré de zèle
Pour vos tabernacles, Seigneur !

De la veuve il reçoit l'obole,
Puis, la partageant chaque jour,
Il y joint sa douce parole,
Son regard languissant d'amour !
De cette langueur délectable
Ecoutons le dernier soupir !
Elle approche l'heure ineffable
Où le saint pauvre va mourir !

Près d'humecter sa lèvre ardente,
Il élève au ciel un peu d'eau ;
L'œil en feu, la voix suppliante,
Il offre ce bienfait nouveau.
C'en est fait, pieux sanctuaire !
Sur vos parvis il prie encor,
Mais c'est sa dernière prière,
Vers le ciel, enfin... son essor !

PRIÈRE TRÈS-EFFICACE

Pour obtenir toutes les grâces et miséricordes divines dans toute espèce de besoins et de nécessités, de tribulations et de calamités, insinuée avec un merveilleux succès,

PAR LE

B. PÈLERIN FRANÇAIS BENOIT-JOSEPH LABRE.

Jesus Christus Rex gloriæ venit in pace.
Deus Homo factus est.
Verbum caro factum est.
Christus de Maria Virgine natus est.
Christus per medium illorum ibat in pace.
Christus crucifixus est.
Christus mortuus est.
Christus sepultus est.
Christus resurrexit.
Christus ascendit in cœlum.
Christus vincit.
Christus regnat.
Christus imperat.
Christus ab omni malo nos defendat.
Jesus nobiscum est.
Pater, Ave, et Gloria.

Père éternel, miséricorde par le sang de Jésus! Marquez-nous du sang de l'Agneau Immaculé, Jésus-Christ, comme vous marquâtes votre peuple d'Israël, pour le délivrer de la mort, et vous Marie, Mère de miséricorde, priez et apaisez Dieu pour nous, et obtenez-nous la grâce que nous demandons humblement. *Gloria, etc.*

Père éternel, miséricorde par le sang de Jésus! Sauvez-nous du naufrage de ce monde, comme vous sauvâtes Noé du déluge universel; et vous Marie, Arche de salut, priez et apaisez Dieu pour nous, et obtenez-nous la grâce que nous demandons humblement. *Gloria Patri, etc.*

Père éternel, miséricorde par le sang de Jésus! Délivrez-nous des fléaux que nous avons mérités, comme vous délivrâtes Lot de l'incendie de Sodome; et vous Marie, notre avocate, priez et apaisez Dieu pour nous, et obtenez-nous la grâce que nous demandons humblement.

Gloria Patri, etc.

Père éternel, miséricorde par le sang de Jésus! Consolez-nous dans nos nécessités et nos tribulations présentes, comme vous consolâtes Job, Anne et Tobie dans leurs afflictions; et vous Marie, Consolatrice des affligés, priez et apaisez

Dieu pour nous, et obtenez-nous la grâce que nous demandons humblement. *Gloria, etc.*

Père éternel, miséricorde par le sang de Jésus! Vous ne voulez pas la mort du pécheur, mais qu'il se convertisse et qu'il vive ; donnez-nous, par votre miséricorde, le temps de faire pénitence, afin que changés et repentants de tous nos maux, nous vivions dans la foi, l'espérance et la charité, en paix avec Notre-Seigneur Jésus-Christ ; et vous Marie, refuge des pécheurs, priez et apaisez Dieu pour nous et obtenez-nous la grâce que nous demandons humblement.

Gloria Patri, etc.

O sang précieux de Jésus notre amour, criez à votre divin Père : miséricorde, pardon, grâce, et paix pour nous, pour... et pour tous !

Gloria Patri, etc.

O Marie, notre mère et notre espérance, priez pour nous, pour... et pour tous, et obtenez-nous la grâce que nous demandons humblement !

Gloria Patri, etc.

Sa sainteté le Pape Pie IX accorde 100 jours d'Indulgence chaque fois qu'on récite cette prière.

ADDITION.

Prière avec 100 jours d'indulgence.

Père éternel, je vous offre le sang de Jésus-Christ en satisfaction de mes péchés, pour les besoins de la sainte Eglise, et pour la conversion des pécheurs.

Immaculée Mère de Dieu, priez Jésus pour nous, pour... et pour tous. Jésus et Marie, miséricorde !

Saint Michel Archange, saint Joseph, saint Pierre et saint Paul, protecteurs de tous les fidèles de l'Eglise de Dieu, et vous tous, Anges, saints et saintes du Paradis, priez et sollicitez grâce et miséricorde pour nous, pour... et pour tous. Ainsi soit-il.

MAXIME DU B. PÈLERIN BENOIT-JOSEPH LABRE.

Dans ce monde nous sommes tous pèlerins dans la vallée des larmes : marchons toujours droit par la voie sûre de la religion, dans la foi, l'espérance, la charité, l'humilité, la prière, la patience, et la mortification chrétienne, pour arriver à notre patrie du Paradis.

Ces prières, se distribuent *Gratis,* à Rome *in S. Maria in Trivio ai Crociferi.*

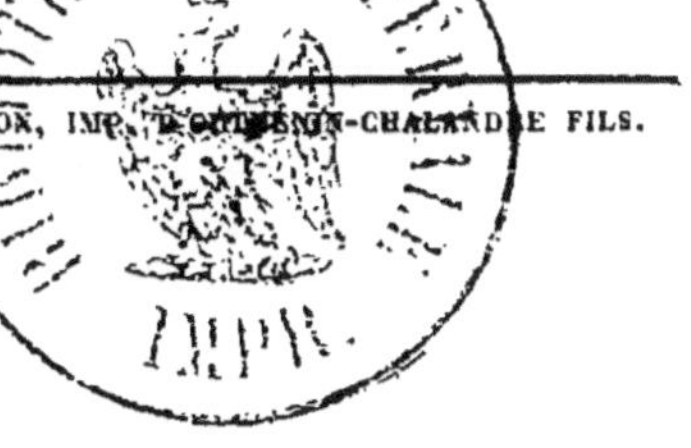

BESANÇON, IMP. D'OUTHENIN-CHALANDRE FILS.

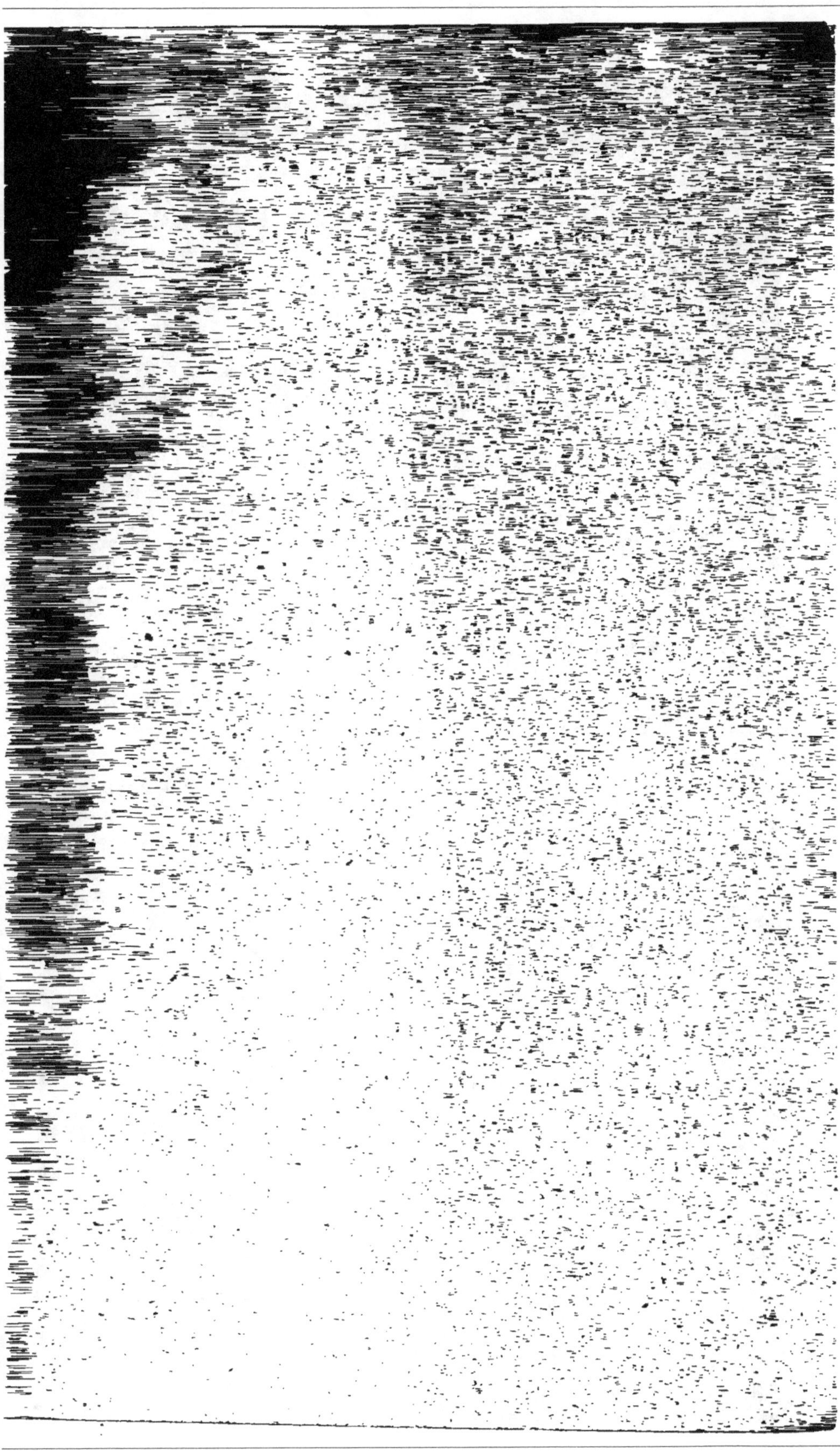

[illegible] in-12.

Exemples de vie chrétienne [illegible] 1 vol. in-12.

Campagne de la révolution [illegible] **1887**, par M. l'abbé [illegible] 1 vol. in-12.

Journal de ma captivité, par [illegible] Deuxième édition. 1 vol. in-12.

La morale sous les fleurs, Recueil [illegible] des pensionnats de jeunes demoiselles, par [illegible] précédé d'une lettre d'approbation de Mgr [illegible] 1 vol. in-12.

Le théâtre chrétien, ou les Martyrs [illegible] Recueil de douze pièces dramatiques, par [illegible] in-12.

Tobie, modèle de religion et [illegible] tures sur le *Livre de Tobie*, proposées à la [illegible] familles chrétiennes, par le R. P. Seguin, [illegible] l'archevêque de Lyon et Mgr l'évêque de [illegible] in-12.

Vie du vénérable frère François de l'[illegible] [illegible], de l'ordre des Carmes-Déchaussés, par un [illegible] Carmel, avec approbation de Son Ém. le cardinal [illegible] de Lyon. 1 vol. in-12.

Edith Sydney, ou une âme en peine [illegible] traduit de l'anglais, par l'abbé [illegible], du diocèse de [illegible] 1 vol. in-12.

Petit manuel de prières à la sainte Face [illegible] grand in-32.

Fleurs de mai, nouveau mois de Marie [illegible] de la sainte Vierge, par M. [illegible], 1 vol. grand in-[illegible]

Petit mois du Sacré-Cœur, par M. [illegible] in-32.

Besançon, imp. d'Outhenin-Chalandre fils.

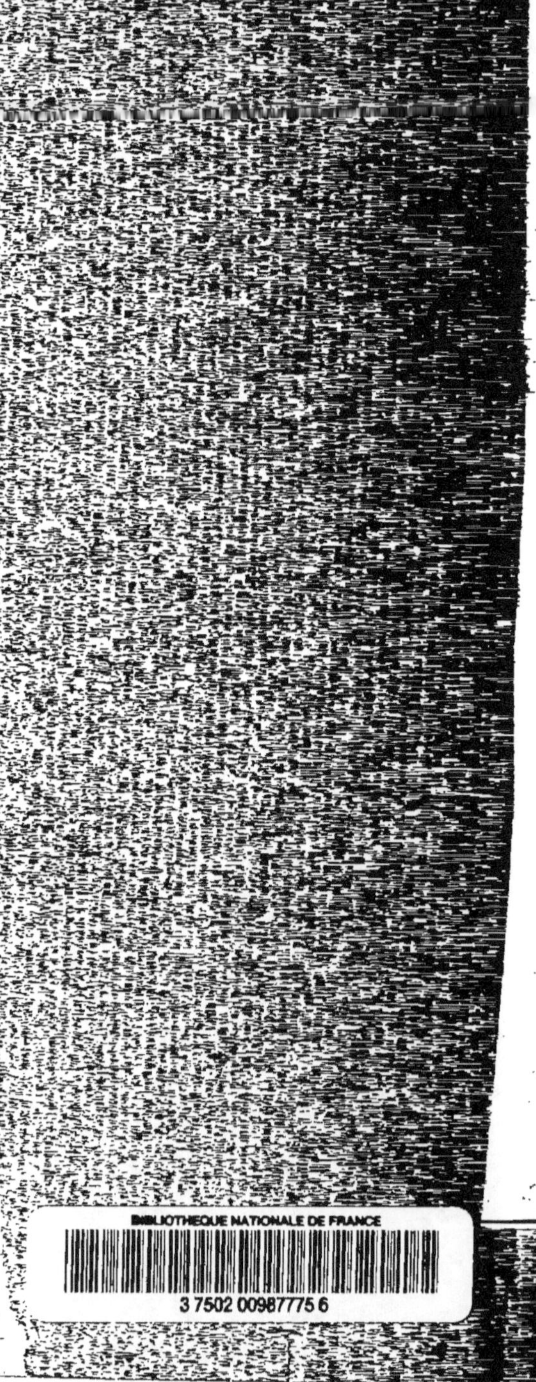

www.ingramcontent.com/pod-product-compliance
Lightning Source LLC
LaVergne TN
LVHW020244230826
846091LV00006B/2233

9782012994737